Couverture inférieure manquante

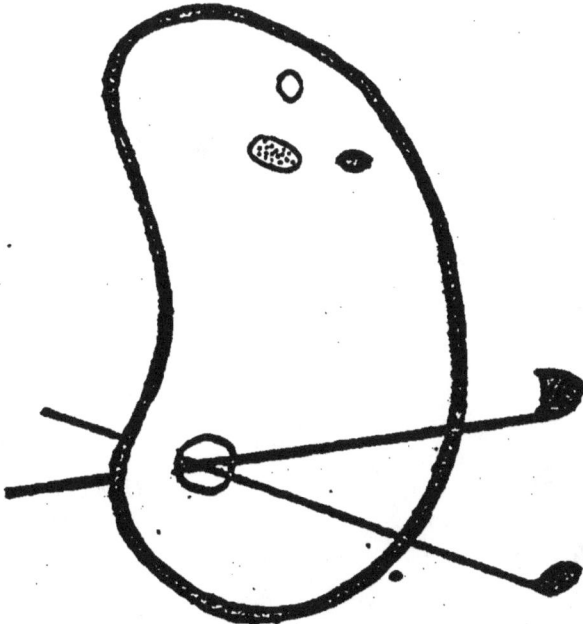

DEBUT D'UNE SERIE DE DOCUMENTS
EN COULEUR

Docteur Joseph DUFAUR

Ancien Externe des Hôpitaux.

❦

LA NÉVROSE DE LOUIS XI

.... Dans ce monde imbécile et méchant,
Il est bon que parfois un geste de démence
Vienne en renouveler l'immortelle semence.
Vous insultez ce fou. Vous lui crachez au front.
Qu'importe! Il a semé. Les fleurs refleuriront.
J. RICHEPIN.

TOULOUSE

GIMET-PISSEAU, ÉDITEUR
66, Rue Gambetta, 66
—
1907

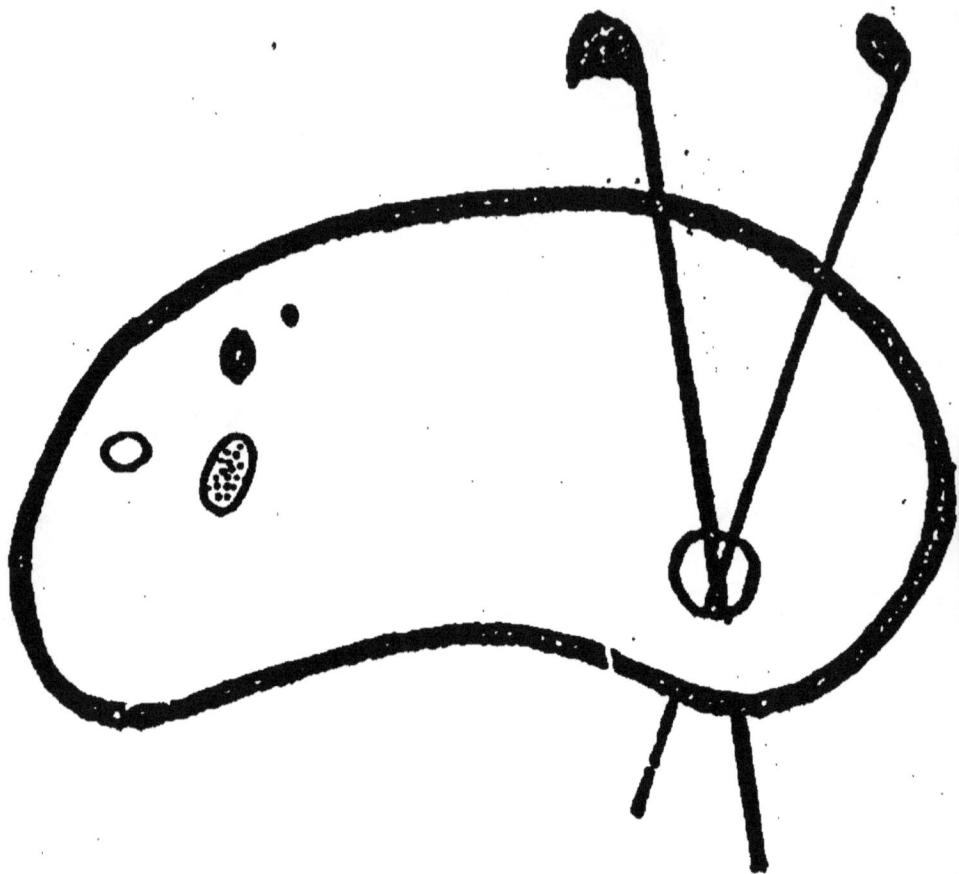

FIN D'UNE SERIE DE DOCUMENTS
EN COULEUR

Docteur Joseph DUFAUR

Ancien Externe des Hôpitaux.

LA NÉVROSE DE LOUIS XI

.... Dans ce monde imbécile et méchant,
Il est bon que parfois un geste de démence
Vienne en renouveler l'immortelle semence.
Vous insultez ce fou. Vous lui crachez au front.
Qu'importe! Il a semé. Les fleurs refleuriront.
                              J. RICHEPIN.

TOULOUSE
GIMET-PISSEAU, ÉDITEUR
66, Rue Gambetta, 66
—
1907

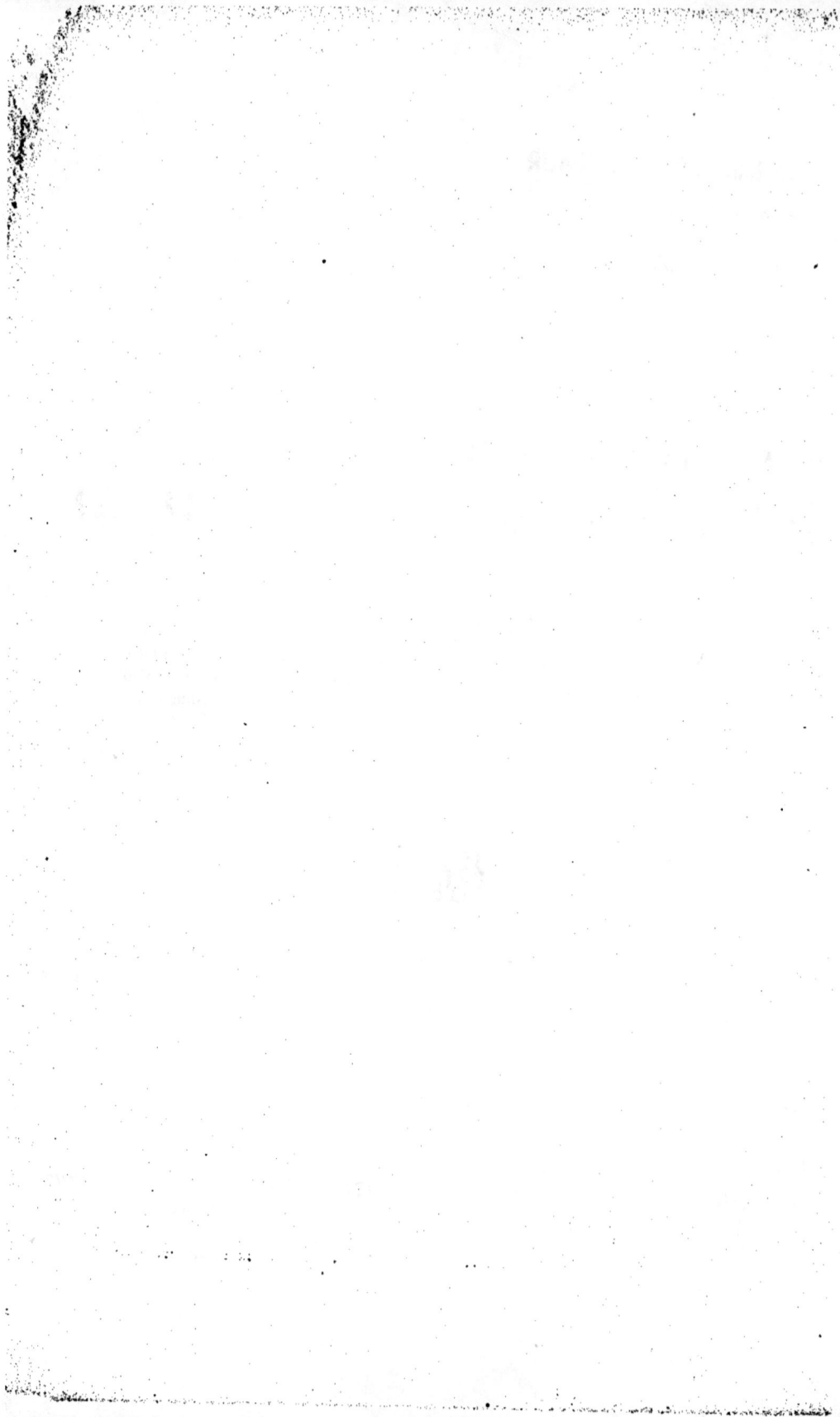

A MON PÈRE

———

A MA MÈRE

———

A MES SŒURS

———

A ma Famille et à mes Amis

A tous mes Maîtres de la Faculté et des Hôpitaux

——— — —.

A mon Président de Thèse

M. le Professeur RÉMOND

Hommage de respectueuse reconnaissance.

AVANT-PROPOS

Son labeur fini, le soir, l'homme jette souvent un regard en arrière... et cette vision crépusculaire est toujours calme et réconfortante.

Pour nous, entre deux labeurs, au moment de finir l'un, avant de commencer l'autre, à cette heure indécise du crépuscule scolaire, nous remercions les maîtres qui nous ont permis de terminer notre première tâche.

Nous nous souviendrons toujours de l'enseignement si clair, si français, de notre maître, M. le docteur Rémond, qui nous fait l'insigne honneur de présider notre thèse. Il nous a montré l'importance du côté psychologique — et non le moindre — de notre profession.

Avec lui, nous remercierons M. le docteur Caubet dont nous fûmes l'externe et dont les causeries, au lit du malade, ont un cachet tout attique.

Nous prions MM. les professeurs agrégés Rispal et Dieulafé de croire à notre profonde reconnaissance. Le premier a su nous montrer les beautés de la méthode pure, belle comme une statue grecque, sans fioritures ni détours... Le second nous a aidé de ses conseils.

Enfin, nous donnons un souvenir ému à tous nos camarades d'étude et de sport. Avec les uns et les autres nous avons partagé les joies et les enthousiasmes, les déceptions inévitables de l'existence.

Je serre la main à tous mes camarades du S. O. E. T.

INTRODUCTION

La physionomie astucieuse de Louis XI a
surtout intéressé les historiens et les roman-
ciers. Elle devrait pourtant considérablement
intéresser les médecins.

Cette figure maigre, anguleuse, tourmentée
comme une sculpture gothique a l'attrait du
mystérieux.

C'est la lecture de la belle œuvre littéraire
de J.-M. Carthy, *A l'Ombre du Gibet,* qui
nous a incité à fouiller la pathologie du « roi
rusé ».

Notre maître, M. le docteur Rémond, nous
a poussé à cette étude. Il nous a longuement
répété que l'examen des personnalités grandies
par leur rang ou leur talent permet de mieux
creuser la science des personnalités moyen-
nes... Dans l'examen de la psychologie et de
la pathologie d'un roi ou d'un grand homme,
rien ne manque et le problème peut donner

une solution précise dont on se servira pour connaître le « Moi » de l'Homme moyen.

La pathologie mentale de Louis XI est d'autant plus intéressante à connaître qu'au premier abord il paraît remarquablement doué au point de vue mental.

C'est une des figures les plus considérables de l'histoire. Il paraît audacieux, ambitieux et sans scrupules, actif et pratique et bien raisonnant.

Il avait 38 ans quand il monta sur le trône. A cet âge, l'influence dissolvante du pouvoir dont parle Saltel, dans sa thèse sur Charles VI (Toulouse, juin 1907), n'avait pu guère désagréger sa mentalité.

Dévoré de bonne heure par la soif du pouvoir, il se laissa entraîner, à 17 ans, contre son père, dans le soulèvement féodal de la Praguerie, à la suite duquel Charles VII le mit en possession du Dauphiné. Mais la réconciliation dura peu entre le père et le fils, qui dut se réfugier à la cour de Philippe le Bon, duc de Bourgogne (1456). A la mort de Charles VII, il signala sa prise de possession du pouvoir par diverses mesures inopportunes, dont la conséquence fut de soulever les seigneurs contre lui (Ligue du Bien public) et de l'obliger à signer les traités de Conflans et de Saint-Maur ; mais Louis XI ne tarda pas

à reprendre ce qu'il avait cédé. Sur ces entrefaites, il se rendit à Péronne pour y régler ses
différends avec Charles le Téméraire qui,
apprenant l'appui donné aux Liégeois révoltés
par Louis XI, retint ce dernier prisonnier et
lui imposa un traité humiliant (1468).

Le duc de Guyenne étant mort empoisonné
en 1472, Charles le Téméraire prit prétexte de
cette mort tragique pour envahir la Picardie;
il échoua sous les murs de Beauvais (1472).
Charles avait signé un traité contre la France
avec le roi d'Angleterre, Edouard IV, qui vint
à Calais, mais traita avec Louis XI à Picquigny (1475). La mort de Charles le Téméraire,
devant Nancy, ayant débarrassé Louis XI de
son plus redoutable adversaire, le roi de France
put alors songer à abattre ses ennemis intérieurs; dans sa lutte contre la haute noblesse,
il prit son point d'appui dans les classes bourgeoises, bien qu'il ne se gênât point pour tripler les charges publiques.

Charles ne laissait qu'une fille, Marie de
Bourgogne. Louis XI songea un moment à la
fiancer au dauphin; mais pressé de tirer parti
des évènements, il reprit les villes de la
Somme et de la Bourgogne qui furent définitivement réunies à la couronne, malgré les
efforts de Maximilien d'Autriche, devenu l'époux de Marie, et qui avait livré aux troupes
royales à Guinegatte une bataille indécise.

Le traité d'Arras (1482) mit fin à cette lutte.
Diverses mesures, notamment la création de
la poste aux chevaux, l'accroissement de la
milice, l'inamovibilité des fonctions judiciai-
res, l'introduction de l'imprimerie à Paris
signalèrent l'administration de Louis XI qui
mourut en 1483 dans son château de Plessis-
les-Tours, livré aux terreurs du remords et de
la superstition. Il avait fait venir d'Italie
François de Paule, dont la réputation de sain-
teté était arrivée jusqu'à lui.

Aucun prince de son temps ne connut mieux
les ruses de la politique et les moyens de
dominer les hommes en caressant leurs appé-
tits. Despote cruel, gouvernant sans scrupule,
il s'entoura uniquement d'hommes capables
de toutes les servilités. Il força à l'obéissance
tous les princes entre lesquels la France était
partagée; il réussit même à leur enlever une
partie de leur pouvoir, à les déposséder, à
accroître le territoire de la couronne et, à ce
titre, il doit figurer parmi les fondateurs de
l'unité nationale.

« La condamnation qu'il mérite et dont il
restera chargé, c'est le blâme que la conscience
humaine inflige à la mémoire de ceux qui ont
cru que tous les moyens sont bons pour imposer aux faits le joug des idées. » (Aug. Thierry.)

Voici donc un roi qui agrandit, qui fortifie,

qui unifie un pays démantelé sous le règne du
veule Charles VII. Voici un politique qui
s'aide des bourgeois pour commander aux no-
tables; voici un administrateur qui crée les
postes, honore la justice, réunit à la couronne
la Somme et la Bourgogne.

Ce sont là les œuvres d'un grand roi; et le
psychiâtre paraît peu autorisé à promener un
indiscret regard sur cette royale mentalité.
Henri Martin, dans le portrait qu'il en trace,
n'encourage guère le psychiâtre à s'aventurer
dans l'étude de la psychologie de Louis XI
dont il risque de revenir bredouille.

« Le dauphin Louis reçut en Brabant la
nouvelle qu'il était roi de France.

Le nouveau roi, Louis XI, avait 39 ans.

Il ne tenait de son père que par la méfiance.

Sous tout autre rapport, il était l'opposé de
Charles VII et de tous les Valois, ses prédé-
cesseurs. Il ne rappelait un peu que Charles V,
mais avec de grandes différences. *Aussi actif
de corps que d'esprit,* il ne devait pas, comme
Charles V, diriger les affaires du fond d'un
château royal, mais passer sa vie à courir
toutes les routes, grandes et petites, voulant
tout voir, tout savoir, tout faire par lui-même.
Écoutant tout le monde, questionnant fami-
lièrement les gens de tous états, même des

moindres, il ne dédaignait l'avis de personne, mais décidait toujours à lui tout seul.

Si opposé de caractère à son père, il n'était pas moins contraire aux idées et aux habitudes du duc de Bourgogne. Le duc Philippe mettait sa gloire à trôner dans la pompe et dans l'apparat des fêtes de chevalerie, quoique sa noblesse et lui-même n'eussent plus ni les mœurs ni les sentiments des vrais chevaliers.

Louis XI méprisait la vraie comme la fausse chevalerie, les maximes et les usages d'autrefois, aussi bien que l'imitation théâtrale qu'on en faisait à la cour licencieuse de Bourgogne. Il méprisait les femmes, la courtoisie et le point d'honneur et ne cherchait que le succès, sans souci de l'apparence, ni même de la dignité. Il dédaignait la force brutale tout comme l'honneur chevaleresque et n'estimait que la subtilité et l'astuce, qu'il appelait sagesse. Par tous les moyens, bons ou mauvais, il poursuivit un but dont il ne s'écarta jamais : c'était d'abattre la puissance des princes et des grands à la tête desquels se trouvait la redoutable maison de Bourgogne. »

Jusqu'ici, nous ne voyons guère qu'un roi — peu sympathique, certes — mais à qui un médecin expert donnerait sa *responsabilité tout entière.*

Cependant, des fissures existent dans l'édi-

fice. Si on lit la suite de la description on y
trouve :

« Ce politique si réfléchi et si pénétrant, cet
esprit si fin et si aiguisé, qui ne croyait à rien
de ce qu'il faut croire, ni aux lois morales ni
à la conscience, croyait aux plus ridicules
superstitions des hommes les plus ignorants
et les plus grossiers. Sa religion était fort
au-dessous de celle du Moyen-Age et, comme
les vieux rois mérovingiens des temps bar-
bares, il faisait des vœux à la bonne Vierge
et aux saints du Paradis, avec de riches dons
aux églises qui leur étaient dédiées, pour
gagner leur appui dans ses entreprises les
plus malhonnêtes ; mais, gardant son indé-
pendance d'esprit jusque dans ses superstitions, il ne subissait pas la moindre influence
de la part du clergé. »

Voici poindre ici très nettement la folie.
Louis XI fut un roi utile, un grand roi ;
socialement et politiquement, sa valeur fut
extrême, mais sa pensée fait des faux pas. Il
y a, à certains moments, une vraie méiopragie
fonctionnelle intellectuelle.

Dans un article destiné au *Progrès Médical,*
notre maître, M. le docteur Rémond, et son
élève Voivenel considèrent Louis XI comme
un demi-fou.

Cette considération est bien intéressante et

bien à l'ordre du jour après le suggestif et intéressant ouvrage que Grasset a consacré à la
question des demi-fous.

« Si les demi-fous se distinguent des person-
nes raisonnables en ce qu'ils sont *malades,*
d'autre part, ce ne sont pas des malades assi-
milables aux fous et il faut se garder de l'erreur
trop répandue qui confond les fous et les demi-
fous.

Le fou n'est qu'un malade et n'a par suite
besoin que du médecin et de l'infirmier.

Le demi-fou, au contraire, peut avoir et a
parfois un rôle social important à remplir; il
a une *valeur sociale* qu'il faut savoir recon-
naître et dont on aurait grand tort de se
priver.

Il y a de l'inégalité dans le développement
des divers centres psychiques du demi-fou;
certains sont affaiblis, mais certains autres
peuvent être très actifs, jeter même plus d'éclat
et rendre plus de services à la société que
d'autres cerveaux plus pondérés, mieux équi-
librés, considérés comme plus normaux »
(Grasset).

N'est-ce pas le cas chez Louis XI ? une ruse
incomparable, une activité psychique extrême,
le sens de l'utile et de l'à-propos exagéré et, à
côté, une superstition de bas étage. Un grand
roi qui porte des amulettes comme un petit

sauvage, et se flanque du bourreau... et du devin.

On pense de suite à l'adage antique :

Nullum magnum ingenium sine mixtura dementiæ.

Nous ne soulèverons pas la question de savoir si les hautes qualités intellectuelles doivent nécessairement s'accompagner de névrose, s'il est vrai que « les hommes ordinaires sont les seuls qui jouissent d'une santé normale » (Tchekhov), si « le Philistin est un gaillard tout à fait naturel » (Nordau). Nous croyons cependant qu'une certaine démence n'est pas toujours nuisible ; nous trouvons logique que, lorsque des centres cérébaux travaillent exagérément, d'autres centres puissent s'anémier, les premiers drainant pour eux une plus grosse quantité de sang dont sont privés les derniers.

Nous nous contenterons de citer à ce propos ces quelques vers de Richepin :

Quelques-uns ont germé, des bons grains que je sème,
Ce n'est donc pas en vain qu'ici-bas j'ai passé.
Les rêves dont je meurs, des fleurs en ont poussé.
O pauvres hommes ! dans votre val de misères,
Ces *irréelles* fleurs d'en haut sont nécessaires,
Autant, et plus encor, certes, à votre bien,
Que la réalité du pain quotidien.
Et vous la méprisez pourtant cette ambroisie :
Beau, vrai, grand, idéal, justice, poésie !

De ces splendides fleurs, chacun sarcle son champ,
C'est pourquoi, dans ce monde imbécile et méchant,
Il est bon que parfois un geste de démence
Vienne en renouveler l'immortelle semence.
Vous insultez ce fou. Vous lui crachez au front.
Qu'importe ! il a semé. Les fleurs refleuriront.

Hérédité de Louis XI

L'hérédité est en psychiâtrie « la cause des causes ».
Ici plus que jamais la phrase d'Aug. Comte est
vraie « Les morts gouvernent les vivants ».

Delicta majorum immeritus lues.

(HORACE).

Louis XI, fils et petit-fils de névropathes, sera donc
névropathe.

Mais sa névrose se différentiera de celle de ses
ascendants. Il est certain qu'entre son grand-père
Charles VI, son père Charles VII si indolent, et lui,
la différence est grande.

Les maladies nerveuses sont loin, en effet, de se
transmettre sous la même forme par l'hérédité. Mais,
en raison de leur parenté intime, elles se succèdent,
en se transformant souvent dans une même lignée.

Nulle part ailleurs plus que dans le groupe des
vésanies n'apparaît le caractère de fatalité dont est
empreinte la grande loi de l'hérédité nerveuse.

Dans nombre de cas, ce n'est pas d'emblée que l'hérédité nerveuse produit l'aliénation mentale. Il arrive souvent que deux ou trois générations subissent des manifestations névropathiques diverses et pour ainsi dire préparatoires. L'hérédité a besoin d'être accumulée, capitalisée en quelque sorte, avant de se montrer sous une forme nettement caractérisée, avant de se traduire par une entité morbide à laquelle on puisse imposer un nom. On trouve souvent, parmi les ascendants des aliénés, des sujets atteints d'un état habituel de surexcitation, des enthousiastes, des phrénalgiques (Guislain), des anormaux (Maudsley), puis viennent des sujets atteints de maladies du système nerveux, et surtout de névroses, de vésanies.

Dans la famille de Louis XI et dans d'autres familles royales nous trouvons cette échelle gravie par la folie.

Pour la famille d'Espagne, voir la thèse de Lapoujade sur « l'Hérédité psychologique »; enfin, nous trouverons des détails sur la famille de Louis XI, dans la thèse de Saltel sur « Charles VI », ces deux thèses ayant été faites sous l'inspiration de notre maître, M. le professeur Rémond.

I. — Hérédité paternelle.

AÏEUL. — *Charles V.* — A présenté une paralysie du bras droit, une fistule osseuse; débauché, meurt avec délire.

GRAND-PÈRE. — *Charles VI.* — Mort fou. Folie consécutive probablement à une fièvre typhoïde ; forme de la folie : confusion mentale.

Cause déterminante : fièvre typhoïde à 24 ans avec troubles psychiques de convalescence.

Cause provocatrice : insolation deux mois après.

PÈRE. — *Charles VII.* — Roi *indolent*, qui ne tenta rien dans sa jeunesse pour repousser les Anglais. Ne rêvant que fêtes et plaisirs, il achevait de perdre gaiement son royaume, lorsque le patriotisme français se réveilla à la voix de Jeanne d'Arc.

Débauché : Il eut des complaisances extrêmes pour Agnès Sorel.

Amoral : Ingratitude complète envers Jeanne d'Arc qu'il laissa brûler.

Il abandonna complètement son « argentier », Jacques Cœur, qu'il sacrifia à ses ennemis.

Il se suicida. Il se laissa mourir de faim craignant que son fils ne l'empoisonnât.

II. — Hérédité maternelle.

GRAND'MÈRE. — *Isabeau de Bavière.* — Dégénérescence héréditaire avec état neurasthénique concomitant.

Cette dégénérescence s'établit chez Isabeau :

1° Par les anamnestiques.

2° Par les *stigmates physiques :*

Malformation anatomique : brune de teint, le buste

long, les jambes courtes au dire du « Pastoralet »
(pamphlet du parti bourguignon écrit au commence-
ment du quinzième siècle) :

> Estoit jolie et avenans,
> Mais n'avoit à quart, n'à demi,
> Sy grand beaulté que son *mari* ;
> Car elle estoit basse et brunette...

Limitée chez la reine à une anomalie de propor-
tions, la malformation anatomique des membres
inférieurs se transmet chez son fils où elle se trans-
forme en oligomélie avec malformation articulaire.
Les jambes courtes d'Isabeau deviennent chez Charles VII, père de Louis XI, des jambes cagneuses et
grêles.

Thomas Basin (éd. Quicherat I, 312) : « Fuit autem
ipse Carolus rex statura mediocri et bona facie, satis
venusta, æquis humeris, sed cruribus ac tibiis justo
exilior atque subtilior ».

« Avoit faible fondation et *estrange démarche* sans
portion, » dit de même son panégyriste et contempo-
rain Chastellain.

Cette oligomélie, *l'un des stigmates physiques de
la dégénérescence héréditaire*, s'accentue encore chez
le petit-fils d'Isabeau :

Louis XI avait en effet des jambes très graciles et
difformes (crura et tibiæ *perexiles*). C'est à cette anomalie de développement qu'il faut attribuer la démarche disgracieuse et déséquilibrée que prête à ce

souverain son ennemi, l'évêque de Lisieux, Thomas Basin.

« De personae quidem ipsius elegantia et venustate non opus est dicere : qui, cum crura et tibias peroxiles haberet, facie tamen nihil speciosum vel decorum habebat ».

Louis XI avait en outre hérité du teint brun de sa grand'mère bavaroise.

Sur la petite taille, le teint brun, les yeux enfoncés de Louis XI, voir le portrait que nous a laissé de lui le seigneur tchèque, Leo de Rozmital, qui séjourna neuf jours à Meung-sur-Loire, chez Louis XI, du 17 au 26 mai 1466.

« Item der Kunig ist nit ein lang man, ein schwartz har, ein braune gestalt, die augen sten im tief im kopf, ein langen nasen, kleine bein. »

Isabeau fut *lymphatique.* De ce lymphatisme dépend l'état strumeux de ses enfants, la carie osseuse de Charles VII, l'affection cutanée de Louis XI.

MÈRE. — *Marie-Anne d'Anjou.* — A dix enfants : deux seulement laissent de la postérité; les huit autres meurent en bas âge, jeunes ou sans enfants.

Elle fait partie de cette branche d'Anjou, issue de Louis d'Anjou, fils de Jean II le Bon, roi de France. Cette branche s'éteignit en partie déjà avec la première génération, et la postérité de Louis II d'Anjou s'éteignit dans les deuxième et troisième générations. Trois filles de cette race, passant par alliance dans d'autres maisons, y portèrent la dégénérescence et l'extinction.

La cause de cette extinction de la Maison d'Anjou
git dans la stérilité d'un grand nombre de membres
de cette famille, et l'on sait que la *stérilité* est une
des principales manifestations de l'élément névropa-
thique, et peut être regardée comme pathognomoni-
que de la dégénérescence. (Marie d'Anjou est la
seule de la famille qui ne fut pas stérile. Elle eut
douze enfants.)

III. — Antécédents collatéraux :

Louis XI eut onze frères ou sœurs :

1° Philippe : mort jeune.

2° Jacques : mort jeune.

3° Charles, duc de Berry : mort jeune et sans enfants.

4° Catherine : épouse Charles le Téméraire duc de
Bourgogne, morte sans enfants.

6° Marguerite : morte en bas âge.

6° Jeanne : morte en bas âge.

7° Jeanne épouse Jean II, duc de Bourbon ; morte
sans enfants ;

8° Radegonde, fiancée à Sigismond, fils aîné de
Frédéric V, duc d'Autriche ; morte jeune ;

9° Yolande, épouse Amédée IX, duc de Savoie ; sa
postérité s'éteint dans la première et la deuxième
générations ;

10° Marie, morte en bas âge ;

11° Madeleine, épouse Gaston de Foix, prince de Viane.

Avec son petit-fils, François Phœbus, s'éteint la maison de Foix, et le comté de Foix passe à la maison d'Albret.

L'hérédité de Louis XI est, comme on le voit, fort suggestive.

Louis XI présente un exemple frappant de cet état intermédiaire entre la normale et la folie, que l'on trouve si fréquemment dans les familles frappées du vice phrénopathique. La prédisposition héréditaire à la folie, acquise dans le courant des temps par la race royale des Valois, et le vice phrénopathique, né et développé sous l'influence de la cause dissolvante de la haute position sociale de cette Maison (voir in thèse de Saltel, Toulouse 1907, le rôle dissolvant du pouvoir sur le « Moi »), avait abouti chez Louis XI, non à la folie comme chez son aïeul, non à la faiblesse morale comme chez son père, mais à un état de mélange singulier de bon sens et de folie, de qualités et de défauts les plus contradictoires. Lâche et courageux, rusé et imprudent, dévot jusqu'à la superstition la plus absurde et combattant le clergé, il fut toute sa vie malheureux; sombre, méfiant, il vivait dans un isolement absolu, se laissant dominer complètement les dernières années de sa vie par son médecin. Fourbe, cruel, libertin, capricieux, tremblant devant la mort, adonné aux superstitions les plus grossières, il est le spécimen le plus complet du *névropathisme héréditaire*.

Cette névropathie héréditaire se manifeste chez ses enfants.

Louis XI avait été marié deux fois :

A) A *Marguerite d'Ecosse*, fille de Jacques I", roi. Pas d'enfants de cette alliance d'Ecosse.

B) A *Charlotte de Savoie*, fille de Louis, duc de Savoie.

Il eut d'elle :

1° Joachim, mort en bas âge ;

2° Charles VIII, l'Affable, roi de France, épouse Anne de Bretagne, mort sans postérité ;

3° Anne de Beaujeu, régente, épouse Pierre II de Bourbon. Elle eut de lui :

α Charles, mort en bas âge ;

ϐ Suzanne, morte sans enfants ;

4° Jeanne la Boiteuse, duchesse de Berry, contrefaite.

Des auteurs avaient prétendu que Charles VIII était un enfant supposé ; on est allé même jusqu'à indiquer son origine, et on lui donne pour véritable père un boulanger.

Si cela était, il faut avouer que Louis XI avait joué de malheur, et que l'enfant qu'il aurait accepté pour fils se serait trouvé stérile, tout comme s'il était un membre de la famille dégénérée des Valois. Ce fait que Charles VIII est mort sans enfants et son caractère permettent, nous le croyons, de rejeter l'hypothèse de la supposition d'enfant.

En tout cas, avec lui s'éteint la maison royale de Valois, après avoir passé par la folie, les névropathies, les crimes, la débauche, l'imbécillité, les vices de conformation et enfin la mort prématurée et la stérilité ; et, la couronne de France passe à une branche cadette des Valois-Orléans, issue de Louis d'Orléans, fils de Charles V, roi de France et frère du roi Charles VI.

Voici l'équation qui commence à se poser. L'hérédité connue, la demi-folie de Louis XI indiscutée, essayons de donner une solution précise.

A quel genre de demi-folie appartient Louis XI ?
Fut-il épileptique comme on l'a prétendu ?
Nous allons dépouiller les textes. Nous arriverons ainsi à un résultat toujours intéressant quand il s'agit d'un roi dont il faut, au point de vue médicolégal, établir la responsabilité devant l'histoire.

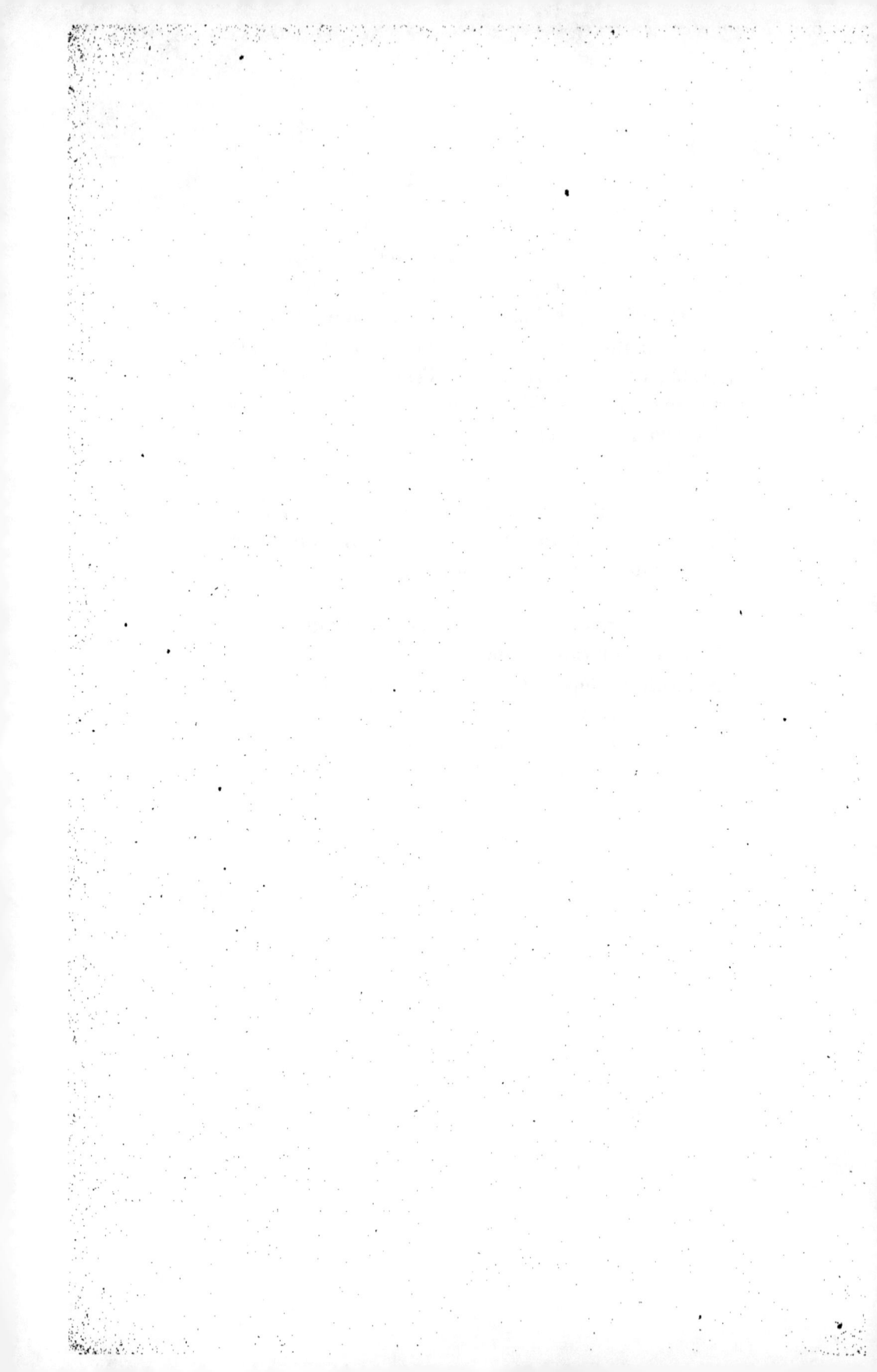

La Thérapeutique de Louis XI
et les Historiens modernes

Voici un titre de chapitre qui paraît, certes, ne pas
être à sa place; et cependant!... La mentalité que
nous jugeons est lointaine, l'inscription à déchiffrer
fruste. Force nous est donc d'utiliser toutes choses
utilisables. Avant d'émettre sur la psychologie de
Louis XI une hypothèse quelconque, il faut connaître
les remèdes donnés au roi et le sens de ceux-ci, car
de son époque plus que de toute autre fut vrai
l'adage :

Naturam morborum curationes ostendunt.

« Audit temps, le roy fit venir grant nombre et
grant quantité de joueurs de bas et doulx instrumens
qu'il fist loger à Saint-Cosme près Tours, où illec
ilz se assemblerent jusqu'au nombre de six vingtz;
entre lesquels y vint plusieurs bergiers du pays de
Poitou, qui souvent jouerent devant le logis du roy,
mais ils ne le veoyent pas, affin que ausdiz instrumens le roy y prensist plaisir et passe temps et pour

le garder de dormir. Et d'ung autre costé, y fist aussi
venir grant nombre de bigotz, bigottes et gens de
dévotion comme hermites et sainctes créatures pour
sans cesse prier à Dieu qu'il permist qu'il ne mou-
rust point et qu'il le laissast encores vivre. » *(Chron.
scandaleuse,* édit. de B. de Mandrot).

Quelle est la signification de ce traitement suivi
par Louis XI malade, pendant l'avant-dernière
année de sa vie?

Les opinions des historiens sont contradictoires
sur le sens de ce passage célèbre dont le drame
moderne s'est emparé (d'ailleurs à contre-sens : voir
la scène du roi et des bergers dans le *Louis XI* de
Casimir Delavigne).

Avant d'exposer ces divergences, faisons appel à
l'interprétation médicale qui est ici le recours naturel,
puisque la proposition à définir ressortit à la thérapeutique.

Position du problème :

Louis XI, vieux et malade et désireux de vivre
(« appetens diutissime vivendi fuit Ludovicus ») fait
venir :

1° Des bergers ;
2° Des ermites et des femmes de sainte vie.
Commynes est muet sur les bergers.

Interprétation clinique.

Elle repose essentiellement sur l'accord du double
diagnostic *thérapeutique* et *nosologique* :

1° La recherche du diagnostic thérapeutique dérive du principe hippocratique « naturam morborum curationes ostendunt ».

2° La constitution du diagnostic nosologique résulte de l'examen des textes de la maladie du sujet (quand on peut la trouver mentionnée).

A. — Diagnostic thérapeutique.

Il doit, dès l'abord, résoudre deux questions :

1° A quelle catégorie d'affections ressortit le traitement musicothérapique envisagé comme tonique stimulant ?

2° De quelle affection est justiciable la prohibition du sommeil diurne, avec application d'un traitement anti-hypnotique ?

De ces deux textes, le thérapeute dégage aussitôt la triple indication visée par les médecins qui formulèrent pour Louis XI ce traitement musicothérapique de longue durée, « multos dies modulabantur » (Gaguin).

1° Une action tonique, « affin que ausdiz instrumens le roy y prensist plaisir et passe temps » (J. de Roye).

2° Limitation de cette action tonique à une stimulation néanmoins modératrice et sédative. « Le roy fit venir grant quantité de joueurs de *bas* et *doulx* instrumens ».

3° Une action antihypnotique prophylactique du

sommeil diurne (« ne somno, quo gravabatur, suc-
cumberet » (Gaguin).

Tout clinicien familier avec l'histoire de la médecine reconnaît aussitôt dans ce traitement musicothérapique la médication spécifique des *psychoné-*
vroses dans la neuropathologie médiévale.

La musicothérapie était névrosthénique parce
qu'elle excitait le nerf auditif.

De cura melancholiœ : « Oportet ut melancholiam
habentes in aliquo sint occupati, quocumque modo
sit, et occupentur etiam cum cantilenis et lœtifican-
tibus, nihil enim est nocilibus quam timor et solici-
tudo ». (Avicenne).

Au Moyen-Age, on réveillait le patient de son état
de dépression neurasthénique par l'excitation senso-
rielle.

L'irritation du nerf sensoriel agissait :

1° Parce que l'irritation diffusait dans tout l'appa-
reil nerveux ;

2° Parce qu'il y avait production musculaire qui
varie en ce qui concerne l'influence des impressions
auditives, avec l'intensité, la hauteur et le timbre du
son. (Féré : Pathol. des Emotions).

D'où la nécessité de veiller à ce que dans cette
influence tonique l'excitation musculaire ne devienne
pas une cause provocatrice de convulsions. De là,
nécessité du mode mineur, ce qui explique doux et
bas instruments.

Il est intéressant de rapprocher de cette conception
de la thérapeutique physiologique du Moyen-Age les

récentes recherches des neuropathologistes sur
l'influence des mélodies en mode mineur dans le
traitement des maladies nerveuses.

Binet a démontré que les émotions agréables favo-
risent la circulation du sang.

Voir aussi, les *Pages oubliées* d'Esquirol, publiées
par Toulouse dans la *Revue de Psychiâtrie* de juin-
juillet 1897.

M. de Fleury explique cette action en faisant remarquer que l'excitation tonique des vaisseaux est réglée
par le système nerveux.

Il est très curieux de constater que les restrictions
ont été entrevues par les anciens. Bien avant qu'Esquirol ait observé la stimulation trop grande, Avicenne
en avait déjà noté les effets fâcheux et remarqué que,
dans les névroses, on ne devait pas dépasser le réveil
du tonus musculaire jusqu'à la production des convulsions.

« Et quidam homines sunt, quos sanat laetitia et
auditus cantilenœ, et quidam sunt quos illud aug-
mentat ».

Osméthérapie : basée sur l'excitation du nerf *ol-
factif*, excitation à laquelle Avicenne donne une
vertu névrosthénique très grande. Louis XI a subi
ce mode de traitement.

Brachet a découvert dans les *Archives nationales*
ces deux notes :

I. « 24 juillet 1480. A Nicolas Mesnagier, varlet de
fourrière, 27 l. 12 s. 8 d. t. pour avoir envoyé deux

hommes à cheval, de La Mothe d'Esgry à Paris et Prouvins, quérir des roses et boutons, où ils y ont vacqué, tant à l'aller qu'au retourner, dix jours entiers ».

II. « A Guillaume du Jardin, tapissier dudit seigneur, pour avoir fourny durant les mois de juillet et août, dudit an, de coq mante et autres herbes, pour mettre es chambres et retraict dudit seigneur ».

III. « A Robert Gautier, tapissier dudit seigneur, pour avoir fourny de coq mante et autres herbes pour mettre es chambres dudit seigneur *par tous les lieux où il a resté* durant le moys de septembre dudit an ».

Très nettement Louis XI a donc été soigné pour une psychose.

Nous trouvons dans son traitement tous les médicaments des psychoses.

Les médecins de l'époque traitaient toujours les psychonévroses par des *cautérisations au fer rouge* et des *scarifications céphaliques.*

Ces cautérisations étaient ordonnées dans les psychonévroses *per fumo,* c'est-à-dire avec vertige. Louis XI se plaignait de « certo fumositate alla testa ».

Il reçut ce *traitement chirurgical* des névroses.

En outre on ordonnait l'*or* dans les psychonévroses : l'*aurum potabile, liniatura.*

« L'or est plus vertueulx métal que soit et pource il a la vertu confortative. La lymeure de l'or meslée avec jus de bourache vault moult contre la deffaulte

du cuour et contre une tres périlleuse maladie que on
appelle la passion cardiaque. » (Le grant propriétaire
des choses. Bartholomy l'Anglais.)

Cette médication se trouve dans la thérapeutique
moderne : sels d'or antispasmodiques dans les convulsions hystériques, épileptiques.

« La solution de tribromure d'or s'est montrée dans
plusieurs cas d'épilepsie, supérieure à tous les autres
médicaments usités » (*Médecine moderne* 1895)

Louis XI but de l'or :

« En la présence de moy, Martin Rissont, notaire
et secrétaire du roy nostre sire, Hérault de Bonnel,
natif de Pyemont, a confessé avoir eu et reçu de
Michel le Tenthurier, conseiller dudit seigneur et
receveur général de ses finances,,. la somme de
192 L. laquelle le dit seigneur lui a accordée
pour le rembourser de 96 escuz *d'or vieil* qu'il a mis
pour le dit seigneur à faire certain breuvage appelé
aurum potabile, à luy ordonné pour médecine
(8 avril 1583) » (Brachet.)

La première partie de l'équation est résolue.

Les médicaments donnés au roi permettent de clas-
ser l'affection de Louis XI dans les psychonévroses,
c'est-à-dire que nous pouvons poser le diagnostic par
exclusion des maladies des autres appareils (digestif,
respiratoire, génito-urinaire, etc.) Reste maintenant
le diagnostic différentiel : est-ce une névrose ? est-ce
une psychose ?

EST-CE UNE NÉVROSE OU UNE PSYCHOSE?

Nous allons voir que tout nous porte à croire que le demi-fou Louis XI était *épileptique*. Nous demeurons toujours ici dans l'examen de la thérapeutique du roi.

Les remèdes du Moyen-âge pour l'épilepsie sont très nettement séparés des autres. Ce sont :

1° Le traitement anti-hypnotique : on emploie le refroidissement de la tête qui porte au sommeil. « *Refrigeratio capitis soporem inducit;* »

2° Contre le spasme, il faut : *a)* dormir la tête haute; *b)* l'avoir très protégée;

3° Comme traitement chirurgical : les cautérisations et les incisions craniennes;

4° Comme traitement médical : l'usage de *sang humain*.

Or, Louis XI a très exactement subi tous ces traitements :

1° On fait de la musique pour l'empêcher de dormir;

2° On lui tient la tête haute : « A Gilles Genest... pour avoir mené un cheval portant *ung dossier de boys pour servir es logeix dudit seigneur à mettre derrière son lit* où il a vacqué depuis le premier jour de septembre jusques au premier jour de janvier suivant » (Brachet).

3° On lui tient la tête très protégée.

« A Claude Foulon pour avoir mené, conduit et porté sur ung cheval sommier dedans un bahut de cuyr *ung gros ladier* (courte pointe épaisse) *plain de cocton* depuis le premier jour du dit moys d'août jusques au premier jour de septembre ensuivant ».

4° On le traite chirurgicalement. En 1481-1482, un Florentin connu sous le nom de Turco, opère Louis XI qui le réclama ensuite avec instance (Brachet).

5° Sang humain :

« On aura vers le mois de mai une quantité un peu considérable de sang tiré des veines de jeunes hommes bien sains et dont les cheveux ne soient pas roux ; on mettra en même temps ce sang dans une grande cucurbite de verre... Tous les auteurs recommandent le sang humain pour la guérison de l'épilepsie. » (*Pharmacopée royale galénique et chimique*, par Moyse Charras, docteur en médecine et démonstrateur de l'une et l'autre pharmacie au Jardin royal des plantes, édit. de 1773).

Louis XI but du sang humain.

« Tous les jours de plus en plus estoit Loys malade et ne lui prouffitoient plus les médecins guisés en merveilleuses manières... car véhémentement espéroit acquérir santé par *le sang humain qu'il but et huma de quelques enfans.* » (Gaguin).

D'après Brachet, tous les historiens ont mal interprété ces faits et ont pris cette médication comme une fantaisie personnelle du roi.

« Les uns, avec Chateaubriand, voient dans ce

traitement « un sinistre remède tout à fait approprié
au tempérament du malade »; les autres, comme
Michelet, croient y démêler une fable inventée par
les parlementaires pour déconsidérer Louis XI ».

« Sans croire tout ce qu'on a raconté d'étrange et
de féroce sur les derniers actes de ce Tibère malade
et volontairement prisonnier, sans prétendre qu'il
prenait des bains de sang d'enfants, il est certain
que sa cruauté et sa défiance redoublèrent aux appro-
ches de la mort ». (Charles Lacretelle, *Louis XI*, p. 68).

« On avait si mauvaise opinion de lui que les ru-
meurs les plus bizarres et les plus atroces s'accrédi-
tèrent au sujet des remèdes qu'il employait pour
retarder sa fin. On prétendit que Louis, par l'ordon-
nance de Coictier « buvait et humait » le sang de
jeunes enfants afin de réchauffer son sang appau-
vri ». (Henri Martin).

« La profonde réclusion dans laquelle il vivait faisait croire qu'il se passait des choses bien extraordi-
naires dans ce château impénétrable. On alla jusqu'à
répandre le bruit que l'on y rassemblait des enfants
que l'on saignait et dont on lui faisait boire le sang
pour corriger l'âcreté du sien ». (Anquetil).

B. Diagnostic nosologique

Le diagnostic thérapeutique nous a donné la signification pathologique des prescriptions thérapeuti-

ques imposées à cette date à Louis XI et montré que les prescriptions médicales, en 1482, visaient :

1° Une affection nerveuse ;

2° Que cette maladie nerveuse ne pouvait être autre chose que l'épilepsie.

Or, c'est précisément l'épilepsie qu'un des familiers de Louis XI, son ambassadeur Robert Gaguin, à cette même date, signale chez le roi de France :

« Quo tempore (1480) rursus cum Maximiliano VII annorum induciae interesserunt..., sed per id tempus aegrotare maxime Ludovicus cœpit. Nam *comitiali morbo* cum interdum premeretur... medicorum diligenti opera usus est ». (Robert Gaguin, *Compendium de gestis Francorum*).

Cette coïncidence des deux diagnostics ne permet pas de mettre en doute la confirmation réciproque.

Etude clinique de l'organisme
du roi Louis XI

Il n'y a pas besoin d'expliquer l'opportunité de ce chapitre,.. Nous citerons simplement cette phrase de Bourdeau :

« La psychologie positive ne tient nul compte de la prétendue séparation de l'âme et du corps, et constate, avec Bossuet, qu'âme et corps forment un tout naturel, dont toutes les parties ont une parfaite et nécessaire communication. »

Louis XI eut des :

Hémorroïdes. — En 1480, Robert Gaguin note que le roi « Hæmorrhoïde crebro vexabatur ». D'ailleurs Louis XI prend de la jaspre et « jaspre est une pierre verde. La pouldre de jaspre restrainct la fleur des Dames et les émorrhoïdes. » (Le grant propriétaire des choses).

Dermatoses. — « Morbo lepre a pluribus fertur infectus fuisse. » Il a recours aux Saints spécifiques dans les maladies de la peau : à saint Antoine, saint Cosme, saint Damien, saint Marcou.

Fièvre palustre. — A la suite de laquelle il eut une véritable aérophobie, trouble nerveux consécutif au paludisme. L'idée ancienne était que les vapeurs méphitiques s'échappent du sol et Louis XI a eu une véritable phobie du *mauvais air.*

Cette fièvre palustre fut intense chez lui et amena une série de *troubles nerveux,* troubles qui apparaissent d'ailleurs chez les prédisposés.

En 1476, il se plaint de palpitations de cœur, vertiges.

« Louis XI, qui se piquait de médecine, était plus qu'aucun autre *laïque,* enclin à répondre *pathogéniquement* quand on le questionnait *symptomatiquement.* Il rattachait ces troubles nerveux à la présence des hémorroïdes » (Brachet).

Il avait de l'hyperesthésie crânienne au froid.

Il eut aussi de l'hyperesthésie au mouvement.

En 1480, il se fit construire un chariot suspendu dont l'usage était réservé aux dames ; d'où le nom de « chariot dameret ».

Il fait raboter les chemins ; puis, ce mode de locomotion le fatiguant trop, il le remplace par la voie d'eau, quitte à faire rompre les ponts et les écluses sur sa route.

La psychologie de Louis XI

« Et, ce mesmes jour (19 novembre 1468) furent prinses pour le roy, et par vertu de sa commission adreçant à ung jeune filz de Paris nommé Henry Perdriel, en ladicte ville de Paris, toutes les pyes, jays, chouetes estans en cage ou autrement et estant privées, pour toutes les porter devers le roy. Et estoit escript et enregistré le lieu où avoient esté prins lesdiz oiseaux et aussi tout ce qu'ils savoient dire, comme : *Larron! Paillard! Filz de putain! Va hors, va! Perrete donne-moi à boire!* et plusieurs autres beaux motz que iceulx oiseaux savoient bien dire et qu'on leur avoit aprins. Et, depuis encores, par autre commission du roy adreçant à Merlin de Cordebœuf, fut venu quérir et prindre audit lieu de Paris tous les cerfz, biches et grues qu'on y peust trouver et tout fait mener à Amboise. » (*Journal de Jean de Roye ou Chroniq. scandaleuse*, édition B. de Mandrot, t. I, p. 220).

De ces deux textes il ressort :

1° Qu'en novembre 1468, le roi, après avoir fait saisir dans Paris tous les oiseaux *privés* — *savants* (pies, geais) ou *ignorants* (chouettes) — les fait transporter dans son parc d'Amboise. Postérieurement à cette date, il fait saisir toutes les bêtes de *plein air* (grues, biches, cerfs) que les Parisiens gardaient dans leurs jardins, et les fait également transporter à Amboise.

2° Que ce double rapt zoologique du roi, saisissant par deux fois à main armée les bêtes curieuses ou rares des Parisiens, pour les faire servir à son divertissement personnel, parut inexplicable et révolta l'opinion publique.

Les historiens se sont singulièrement trompés sur la signification de ces rapts.

Voici, glanées leurs opinions :

DUCLOS : *Histoire de Louis XI.*

« La chronique dit que le même jour le roi se fit apporter les pies, les geais et autres oiseaux privés, avec les noms de ceux auxquels ils appartenaient, et la tradition est que c'était parce qu'on leur avait appris à dire *Péronne*. Louis voulait, pour l'honneur de sa parole, ratifier le traité; mais tout ce qui pouvait lui en rappeler l'idée ne lui en était pas moins odieux. »

BARANTE : *Histoire des ducs de Bourgogne.*

« Les précautions furent même si grandes, que l'on saisit par ordre du roi, toutes les pies, geais, corbeaux et autres oiseaux apprivoisés, à qui des habitants de Paris avaient appris des paroles comme : « larron, paillard, va, va dehors; Pérette, donne-moi

à boire. » Le commissaire chargé de cette saisie ins-
crivit exactement sur son registre ce que chaque
oiseau savait dire, et chez qui on l'avait trouvé;
tant on craignait ce qui pouvait exciter quelque dé-
sordre et offenser soit le roi, soit les princes.

SISMONDI : *Histoire des Français*, t. XIV, p. 283.

« Cependant le roi était honteux du piège où il était
allé se jeter lui-même; il ne voulut point entrer
dans Paris, pour ne pas s'exposer aux propos du
peuple; il craignait même si fort les railleries aux-
quelles il sentait qu'il devait être en butte qu'il fit
saisir toutes les pies, les geais, les corbeaux, auxquels on avait appris à parler, et enregistrer les
mots que leurs maîtres leur avaient enseigné à pro-
noncer, pour punir tous ceux qui leur auroient fait
répéter le nom ou de Péronne ou de Perrette de
Châlons, bourgeoise de Paris, alors sa maîtresse. »

MICHELET : *Histoire de France.*

« La farce de Péronne avait eu le dénouement de
celle de Pathelin : l'habile des habiles, dupé par
Agnelet. Tous en riaient, jeunes et vieux, les petits
enfants, que dis-je? les oiseaux causeurs, geais, pies
et sansonnets, ne causaient d'autre chose; ils ne
savaient qu'un mot, Pérette ! »

On saisit ici, le manque d'esprit critique de Michelet, ce poète de l'Histoire.

La nouvelle école scientifique des historiens de
Louis XI a senti « tout le ridicule de cette phrase de

Michelet » et dans son édition de la « *Chronique scan-*
daleuse » Maudrot, commentant le passage de Jean
de Roye, remarque que Michelet a déployé trop d'in-
géniosité ; et, il conclut qu'on doit interpréter ce passage dans la simplicité du texte, c'est-à-dire que le roi
fit prendre ces animaux parce qu'il désirait les avoir
en sa possession pour son usage personnel dans son
parc d'Amboise.

Oui ! mais pourquoi *le rapt* alors ?

Ce que l'histoire ne peut expliquer, la pathologie
en trouve la solution. Nous ne pouvons nous empêcher de faire remarquer ici, ce que nous avons vu
exprimé dans la thèse de Saltel, que l'histoire et la
philosophie finiront par être absorbées par la science
(la dernière surtout) médicale, ou du moins forte-
ment aidées ; l'historien devrait avoir des connais-
sances médicales qui lui éviteraient parfois des
commentaires fantaisistes.

Il importe ici de fixer préalablement la formule
mentale de Louis XI.

Fils de dégénéré, petit-fils de dégénérée, Louis XI
est lui-même le type du dégénéré supérieur de
Magnan.

Commynes nous donne la façon dont Louis XI
achetait les animaux :

« Il faisoit achapter ung bon cheval, quoy qu'il
coustat, ou une belle mulle, mais es pays où il vouloit
qu'on le cuydast sain : car ce n'estoit point en ce
royaulme. Des chiens, on envoyait quérir partout :
en Espaigne, des allans ; des petites levrettes en Bre-

taigne, levriers, espaigneulx, et les achaptait chier;
en Vallence, de petitz chiens veluz, qu'il faisoit achapter plus chier que les gens ne les vouloient vendre;
en Cécille, envoyoit quérir quelque mulle, espéciale-
ment à quelque officier du pays et la payait au double;
à Naples, des chevaulx : et bestes étranges de tous
costez, comme, en Barbarie, une espèce de petiz lyons,
qui ne sont point plus grans que de petis regnards,
et les appeloient *aditz*. Au pays de Dannemarche et
de Suerie, envoya quérir de deux sortes de bestes :
l'une s'appeloit *helles,* et sont de corsaige et de couleur de cerf, grands comme buffles, les cornes courtes
et grosses; les autres s'appeloient *rangiers*, qui sont
de corsage et de couleur de dain, sauf qu'elles ont les
cornes beaucoup plus grandes. Pour avoir six de
chascune de ces bestes, donna aux marchands quatre
mil cinq cents florins d'Allemaigne. Quand toutes ces
choses luy estoient amenées, *il n'en tenoit compte* et
la plupart des fois ne parloit point à ceulx qui les
amenoient. Et, en effect, il faisoit tant de semblables
choses et telles, qu'il estoit plus crainct de ses voisins
et de ses subjets qu'il n'avoit jamais esté. »

Louis XI est un dégénéré héréditaire et ces achats
sont symptomatiques de la *zoophilie* ou des stigmates psychiques des dégénérés.

Cette zoophilie se caractérise :

1° Par l'extravagance des achats;

2° Par l'indifférence de l'acheteur;

3° Par la sensibilité hyperémotive pour les animaux
malades.

Les deux premiers traits sont communs à la collectionomanie morbide. Le troisième « toujours lié à l'indifférence pour les humains et souvent même à la cruauté, est décisif et essentiel de la zoophilie. »

On trouve souvent chez le zoophile dégénéré, surajoutée, la *kleptomanie*.

Par une inconséquence qui est la marque de son état psychique morbide, le malade vole ce qu'il convoite, non parce qu'il ne peut l'acheter, mais parce que le posséder ainsi lui est plus agréable. C'est une conquête.

La kleptomanie explique naturellement les deux rapts d'oiseaux de 1468 qui émurent les Parisiens et firent tant épiloguer les historiens.

CONCLUSION

1° La question de la pathologie mentale de Louis XI, qui fut un grand roi, avec une claudication mentale partielle, est très à l'ordre du jour après les études faites sur les demi-fous.

2° Louis XI est un cas typique de névrose héréditaire et de dégénérescence familiale; mais sa maladie ne reproduit pas celle de ses ascendants, comme il arrive souvent en pathologie nerveuse.

3° L'étude de la thérapeutique suivie par lui démontre, en vertu de l'adage : « naturam morborum curationes ostendunt » :
1° Qu'il eut une névrose ;
2° Que cette névrose était l'épilepsie.

4° L'étude de sa pathologie physique montre que ce roi, fils de dégénérés, présente des stigmates très nets : jambes courtes, cagneu-

ses, teint noir, signes d'arthritisme, hémorroïdes, céphalalgie, « ventosités ». La prédisposition fut aidée par une fièvre palustre assez
intense.

5° L'étude de sa psychologie montre très bien
chez lui comme chez les demi-fous la coexis-
tence de qualités brillantes et de méiopragies
intellectuelles. Il fit des achats extravagants
présentant la classique « indifférence de l'acheteur ». Il eut une sensibilité hyperémotive
pour les animaux malades, etc.

7° Donc :
*Louis XI fut un dégénéré demi-fou avec
manifestations épileptiques, sa valeur sociale
ayant été très grande.*

BIBLIOGRAPHIE

Gilbert BALLET. — Traité de pathologie mentale.

FÉRÉ. — Pathologie des émotions.

SCHIFF. — Sur l'échauffement des centres nerveux à la
suite des excitat. sensit. et sensorielles (*Archiv. de
phys. norm. et path.*, 1870).

ROGER. — Traité des effets de la musique sur le corps
humain.

BINET et COURTIER. — La vie émotionnelle (*Labor. de psych.
phys.*, 1897).

DUSOLIER. — Psychologie des derniers Valois.

Contribution à l'ét. thérap. de l'or. (*Médec. moderne*, 1895).

Ch. LACRETELLE. — Louis XI.

H. MARTIN. — Histoire de France.

ANQUETIL. — Histoire de France.

LISKENNE. — Histoire de Louis XI.

Robert GAGUIN. — Compendium de gestis Francorum.

Max NORDAU. — Dégénérescence.

JACOBY. — La sélection chez l'homme.

A. BRACHET. — Une vie humaine à travers six siècles
d'hérédité.

DUCLOS. — Hist. de Louis XI.

BARANTE. — Hist. des Ducs de Bourgogne.

I. BOISSIER et LACHAUX. — Contrib. à l'étude cliniq. de la kleptomanie (*Ann. méd. psych.*, 1894).

RÉGIS. — Manuel pratique de médecine mentale.

RÉMOND et VOIVENEL. — Louis XI, demi-fou (*Progrès médical*, 1907).

GRASSET. — Demi-fous et demi-responsables.

Imp. Coopérative Toulousaine, 39, Rue Peyrolières

149